— NO OFICIAL —

TAYLOR SWIFT

FANBOOK

Título original: *The Essential Taylor Swift Fanbook*
Publicado originalmente en 2023 por Mortimer Children's, un sello editorial de Welbeck Children's Limited, parte del Welbeck Pubishing Group.

Avda. Diagonal, 662-664, 08034 Barcelona (España)
www.planetadelibrosinfantilyjuvenil.com
www.planetadelibros.com
Primera edición: abril de 2024
ISBN: 978-84-08-28493-2
Depósito legal: B. 352-2024
Impreso en Dongguan, China

GETTY IMAGES: Isaac Brekken 44-45; Larry Busacca 1, 32BR, 49TR; Gareth Cattermole/TAS 28-29B; Michael Caulfield/AMA 39; Erin Clark/The Boston Globe 26R; Rick Diamond 28TR; Rick Diamond/ACM 6TL; Nina Dietzel 8BL; Kevork Djansezian 41TL; Francois Durand 48BL; Rich Fury 16-17; Jesse D Garrabrant/NBAE 8R; Bruce Glikas/FilmMagic 41BL; Steve Granitz/WireImage 30TR, 38; Raymond Hall/GC Images 6BL, 21L; Frazer Harrison 32BC, 34R; Frazer Harrison/ACMA 40BR; Anthony Harvey 48BR; Taylor Hill/FilmMagic 33TR; Octavio Jones/TAS 34BR, 41BR; Dimitrios Kambouris 33BL, 52-53, 54; Kevin Kane 10TR, 10BRL Kipuxa 20L; Pascal Kiszon 20C; Jon Kopaloff/FilmMagic 48TC; Jeff Kravitz/FilmMagic 9TR, 32BL, 33BC, 41TR, 60; Krissy Krummenacker/MediaNews Group/Reading Eagle 7; Dan MacMedan/WireImage 9BR; Maremagnum 10L; Kevin Mazur 33TC, 49BC, 49BR, 62; Kevin Mazur/TAS 24-25, 27; Kevin Mazur/WireImage 23TR, 30L, 31TR, 31BR, 41C, 56-57; Jamie McCarthy 33TL, 46-47; Emma McIntyre 49BL; Al Messerschmidt 48TL; Mark Metcalfe 50-51; Ethan Miller 35, 58-59; Neil Mockford/FilmMagic 32TR; Sarah Morris/FilmMagic 33BR, 48-49; Cepi Nurdin/500px 20B; Christopher Polk 4-5, 55BR; Christopher Polk/ACMA 6L, 48BC; Christopher Polk/FilmMagic 9L; Christopher Polk/Penske Media 14-15; Christopher Polk/TAS 11TR; Jun Sato/WireImage 29TL; John Shearer 22BL; John Shearer/TAS 2-3, 12-13, 18-19, 26TR, 26BR; John Shearer/WireImage 23L, 30BR; Mindy Small/FilmMagic 55TR; Amy Sussman 11BR; Pierre Suu 31BL; TAS 11L; Michael Tran/FilmMagic 36-37; Jeff Vespa/WireImage 40R; Andrew H Walker 22TL; Angela Weiss/AFP 63; Matt Winkelmeyer/TAS 40L, 42-43; Kevin Winter 22R, 48TR; Terry Wyatt 64; Kevin Mazur/TAS BACK COVER
SHUTTERSTOCK: Olgsera 8BC; Startraks 21R
ALAMY: Casey Flanigan/MediaPunch Inc COVER
Se han realizado todos los esfuerzos para acreditar correctamente a los propietarios de cada una de las imágenes. Cualquier error u omisión es accidental y será corregido en futuras reimpresiones de este libro.

FSC
www.fsc.org
MIXTO
Papel | Apoyando la silvicultura responsable
FSC® C144853

ÍNDICE

Bienvenida

¡Llamando a todos los swifties! Este libro está repleto de todo tipo de datos relacionados con Taylor, desde guías de moda y de clubs de fans, hasta sus geniales colaboraciones y curiosidades sobre sus adorados gatos. Además de enterarte de un montón de curiosidades y de poder responder interesantes test, podrás pasar un rato con las mejores amigas de Taylor, revivir sus mejores canciones y baladas, y tratar de contar los montones de premios que está acumulando. Prepárate para disfrutar con la reina del country-pop.

Conoce a Taylor

¿Te consideras superfan de TayTay? Tanto si eres un miembro de pleno derecho de los swifties como si te acabas de incorporar a su legión de seguidores, esta es tu oportunidad para conocer a fondo a la chica que está detrás de uno de los mayores éxitos de la historia del pop.

MAMÁ Y PAPÁ

AUSTIN

OLIVIA BENSON

Datos de Swift

NOMBRE:	**Taylor Alison Swift**
LUGAR DE NACIMIENTO:	**Pensilvania, EE.UU.**
FECHA DE NACIMIENTO:	**13 de diciembre de 1989**
COLOR DEL PELO:	**Rubio**
COLOR DE LOS OJOS:	**Azules**
HORÓSCOPO:	**Sagitario**
MADRE:	**Andrea Gardner Swift**
PADRE:	**Scott Kingsley Swift**
HERMANO PEQUEÑO:	**Austin Kingsley Swift**
INSTRUMENTOS QUE TOCA:	**Guitarra, banjo, piano y ukelele**
AFICIONES:	**Hacer mermeladas y la repostería**
GATOS:	***Meredith Grey*** ***Olivia Benson*** ***Benjamin Button***

De niña, Taylor creció en la granja vivero de árboles de Navidad de su familia en Pensilvania.

De sus inicios al éxito actual

De una adolescente de pelo ondulado que cantaba country a principios de la década de 2000 a una increíble superestrella que agota todas las entradas en sus giras mundiales. Este ha sido el viaje de Taylor al estrellato...

Las raíces de Taylor

La joven Tay se crio en una granja vivero de árboles de Navidad y creció adorando todo lo relacionado con la Navidad. Pero esto ya lo sabrás si has escuchado su sencillo navideño «Christmas Tree Farm». El vídeo musical incluye imágenes muy tiernas de una Taylor muy pequeña, con su hermano y sus padres, abriendo regalos, tirándose en trineo y, básicamente, ¡divirtiéndose a lo grande!

12 AÑOS DE EDAD

NASHVILLE

Nashville

La música fue un pilar importante en la vida de Taylor desde muy joven. Empezó cantando versiones en concursos de talentos, pero a los 12 años aprendió a tocar la guitarra y comenzó a componer sus propias canciones. De niña, Taylor anhelaba mudarse a Nashville (Tennessee), donde famosas cantantes de country como Dolly Parton o Faith Hill habían conseguido impulsar su carrera. Taylor estaba decidida a triunfar y enviaba incansablemente sus maquetas a distintos estudios con la esperanza de que alguno la fichara.

Un gran cambio

Cuando tenía 13 años, la familia de Tay se trasladó de Pensilvania a Nashville para que la joven pudiera hacer realidad sus sueños musicales. Taylor no tardó en conseguir un contrato discográfico con Big Machine Records. Dos años más tarde, publicó su primer álbum, *Taylor Swift*, que incluía la canción «Tim McGraw». Este tema se convirtió en su primer éxito en el top 40 y en el Vídeo Revelación del Año en los CMT Music Awards de 2007.

JONAS BROTHERS

A por todas

Taylor alcanzó una nueva cota de éxito en 2008, cuando consiguió su primer número 1 con *Fearless*. Ese mismo año, aumentó notablemente su popularidad tras actuar con los famosísimos Jonas Brothers en su gira Burnin' Up.

CONSAGRACIÓN

En 2010, la figura de Taylor se consagró a lo grande cuando arrasó en los Grammy. Y arrasar no es ninguna exageración. Echa un vistazo:

- ★ **ÁLBUM DEL AÑO: *Fearless***
- ★ **MEJOR INTERPRETACIÓN VOCAL COUNTRY FEMENINA**
- ★ **MEJOR CANCIÓN COUNTRY**
- ★ **MEJOR ÁLBUM COUNTRY**

Rompiendo récords

El icónico «We Are Never Ever Getting Back Together» del cuarto álbum de Taylor, *Red*, es uno de sus sencillos más famosos. En 2012, batió el récord como el sencillo digital de una artista femenina más vendido. *Red* también supuso un gran distanciamiento del sonido country de TayTay.

NUEVA YORK

La Gran Manzana

En 2014, Taylor dejó atrás su querida Nashville para mudarse a la Gran Manzana, Nueva York. Allí lanzó «Shake It Off», el inolvidable sencillo discotequero de su quinto álbum *1989*. Durante la gira mundial de este álbum, Taylor empezó a presentar a celebridades invitadas en sus conciertos, como Lisa Kudrow (Phoebe de *Friends*), la actriz Julia Roberts o Mick Jagger (vocalista de los Rolling Stones). La gira fue impresionante y tuvo un rotundo éxito.

«SHAKE IT OFF»

REPUTATION TOUR

Regreso sonado

Tras un breve descanso, Taylor regresó mejor que nunca (¡si eso es posible!) en 2017 con el sencillo «Look What You Made Me Do». El tema pertenecía a su sexto álbum, *Reputation*. En 2018, abandonó la discográfica Big Machine para firmar por Republic Records y Universal Music Group.

ACTUACIÓN EN LOS GRAMMY 2021

A todo tren

En 2019, Taylor lanzó su séptimo álbum, *Lover*. Con 18 temas, se convirtió en su álbum más largo hasta la fecha. Ese mismo año, la artista participó en la adaptación cinematográfica de *Cats*, de Andrew Lloyd Webber. ¿Hay algo que esta chica prodigio no pueda hacer? En 2020, Taylor publicó *Folklore*, su octavo álbum, que le valió otro Grammy al Álbum del Año. Ese mismo año publicó su noveno álbum: *Evermore*.

Inspiración nocturna

El décimo álbum de Taylor, *Midnights*, se publicó en 2022 y se caracteriza por su estilo tecno-pop. Taylor afirma que se inspiró en sus pensamientos en noches de insomnio y que incluso escribió algunas de las canciones en plena madrugada. 10 de sus 13 temas coparon el top 10 de la lista *Billboard* Hot 100 de Estados Unidos en su lanzamiento.

«La felicidad y la confianza son las cosas más hermosas que puedes usar…»

TAYLOR SWIFT

HO'S
TAYLOR
SWIFT
ANYWAY
EW.

TAYLOR EN NÚMEROS

10 ÁLBUMES LANZADOS

«Anti-hero» permaneció **8 SEMANAS** COMO **n.º 1** EN LA *BILLBOARD* HOT 100 DE ESTADOS UNIDOS.

88 SEMANAS COMO **NÚMERO 1** EN LA LISTA *BILLBOARD* ARTIST 100

TAYLOR FIRMA CON SU **primer sello discográfico a los 13 años.**

Primera intérprete femenina EN OBTENER EL GALARDÓN **ÁLBUM DEL AÑO** EN **tres ocasiones** EN LOS GRAMMY DE 2021.

40

AMERICAN MUSIC AWARDS LOGRADOS

7 ÁLBUMES
ORIGINALES N.º1 EN EL REINO UNIDO

MÁS DE **275**
MILLONES DE
SEGUIDORES EN INSTAGRAM

CON 19 AÑOS,
TAYLOR SE CONVIERTE EN LA ARTISTA MÁS JOVEN DE TODOS LOS TIEMPOS EN LOGRAR EL COUNTRY MUSIC AWARD **al artista del año.**

Con 13 años,
TAYLOR SE MUDÓ A **NASHVILLE**
PARA CONVERTIRSE EN UNA **cantante de country.**

21 SENCILLOS
EN EL **TOP 10** DEL REINO UNIDO

Baladas y ritmos pegadizos

Vamos a disfrutar de algunos de los mejores temas de Taylor, desde sus bellas baladas hasta sus ritmos más pegadizos, pasando por las canciones que la hicieron famosa.

«TIM MCGRAW»

Álbum: ***Taylor Swift***

Año: **2006**

La presencia de este sencillo era poco menos que obligatoria. Al fin y al cabo, con él empezó todo. Esta canción de amor es un clásico de Taylor, y fue su primer éxito en el top 10 country, así como su primera entrada en la lista *Billboard* Hot 100 de Estados Unidos. Para escribir este tema, Taylor se inspiró en su época de colegiala.

«LOVE STORY»

Álbum: ***Fearless***

Año: **2008**

Cuando Taylor tenía 17 años y sus padres no le permitieron que saliera con un chico, canalizó su frustración escribiendo esta canción. Presenta reminiscencias de un cuento de hadas (tomad nota, príncipes y princesas) y una famosa letra sobre el amor prohibido de Romeo y Julieta.

«SHAKE IT OFF»

Álbum: ***1989***

Año: **2014**

Lo ames o lo odies, este tema superpegadizo es un exitazo de las pistas de baile, que garantiza que todo el mundo se ponga a cantar y a mover el esqueleto, sin excepción. Sin duda, ¡es la canción perfecta para deshacerse de la negatividad! Este alegre tema fue el segundo número 1 de Taylor.

«BLANK SPACE»

Álbum: ***1989***

Año: **2014**

Si lo que buscas son temas cañeros, ¡esta es tu canción! Este himno pop arranca con un ritmo contundente con el que te entran ganas de saltar y cantar. La canción se burla de todas las historias negativas sobre la vida personal de Taylor que aparecen en los medios de comunicación.

«ANTI-HERO»

Álbum: ***Midnights***

Año: **2022**

Con este sencillo que trata sobre las dudas en uno mismo y la inseguridad, Taylor volvió a copar las listas de éxitos. Tay lo compuso con Jack Antonoff y llegó a encabezar la lista *Billboard* Hot 100 de Estados Unidos durante ocho semanas, lo que la convierte en la canción de TayTay que más tiempo ha permanecido en el número 1... hasta la fecha.

★

Tras el lanzamiento de su álbum *Midnights*, Taylor batió el récord del mayor número de éxitos en el top 10 de una artista femenina con la increíble cifra de 40.

10 razones para adorar a Tay

Hay miles de razones, ¿verdad?
Aquí detallamos solo las 10 principales...

1 ES UN ICONO FEMINISTA

Taylor nunca rehúye hablar de temas importantes, y el feminismo es algo que lleva en el corazón. A menudo comparte su admiración por otras artistas femeninas. Le encanta apoyar a la gente.

2 ES SOLIDARIA

Financia organizaciones benéficas para la protección de la vida salvaje y de la naturaleza, ha donado una de sus guitarras a PETA, y hace difusión de muchos proyectos con los que colabora.

3 AMA A LOS FANS

Ya sea dándoles consejos en las redes sociales o agradeciéndoles su éxito, Taylor no deja de demostrar a sus fans su cariño y que siempre los tiene muy en cuenta.

4 AMA A SUS GATOS

Es una orgullosa mamá gatuna y se lleva a sus amigos felinos a todas partes.
Más información en la página 20.

5 ESCRIBE SUS CANCIONES

Taylor no solo escribe sus propios éxitos, sino que también lo hace para otros artistas, como Calvin Harris.

6 DIRIGE VÍDEOS MUSICALES

El primer vídeo musical que dirigió fue para «The Man» (2019). Taylor demuestra que uno puede conseguir cualquier cosa que se proponga, ¡y encima con éxito!

7 ES HONESTA

Además de escribir letras sobre su vida y sus experiencias, Taylor también ha hablado abiertamente de su soledad y de lo dura que le resultó su época escolar porque no tuvo muchos amigos.

8 ES AUTÉNTICA

Taylor baila como si nadie la estuviera viendo. Cuando se mueve, lo hace para divertirse y no de cara a la galería. Y eso se nota.

9 VALORA LA AMISTAD

Sí, sin lugar a dudas, TayTay tiene la pandilla de chicas más guay, y todos queremos formar parte de ella.

10 TIENE LOS PIES EN LA TIERRA

Aunque es una de las mayores estrellas del pop, a Taylor no se le ha subido el éxito a la cabeza. Todavía se emociona con las cosas que hace.

El rincón de las mascotas

Todos los swifties sabréis que TayTay tiene tres fabulosos y peludos miembros en su familia de los que habla... MUCHO. Taylor se toma muy en serio su papel de mamá gatuna, y ahora lo vas a poder comprobar. ¡Prepárate para una sobrecarga de ternura!

ESCUADRÓN FELINO

NOMBRE: *Meredith Grey*
RAZA: Fold escocés
ADOPTADO EN: 2011
LLAMADO ASÍ POR: Meredith Grey de *Anatomía de Grey*

NOMBRE: *Olivia Benson*
RAZA: Fold escocés
ADOPTADO EN: 2014
LLAMADO ASÍ POR: Olivia Benson de *Ley y orden: unidad de víctimas especiales*

NOMBRE: *Benjamin Button*
RAZA: Ragdoll
ADOPTADO EN: 2019
LLAMADO ASÍ POR: Benjamin Button de la película del mismo nombre

★

Tanto Ellen Pompeo, quien interpretó a Meredith Grey en *Anatomía de Grey*, como Mariska Hargitay, quien interpretó a Olivia Benson en *Ley y orden: unidad de víctimas especiales* aparecen en el vídeo musical de Taylor del tema «Bad Blood».

Amor a primera vista

Conocimos a *Benjamin* cuando apareció en el vídeo musical de Taylor del tema «Me!». De hecho, ¡Taylor también lo conoció rodando ese mismo vídeo! Fue amor a primera vista. Taylor lo adoptó y el resto es historia.

Pasajeros de primera clase

Los gatos de Taylor la acompañan a todas partes y viajan con mucho estilo.

Una gatita muy profesional

Resulta que *Olivia* tiene una carrera que podría hacer sombra a la de cualquier humano y ha entrado en la Lista de Mascotas Ricas de 2023. Además de cameos en los vídeos musicales de Taylor y de una exitosa carrera en el mundo de la publicidad, *Olivia* también cuenta con su propia línea de *merchandising*. ¡Menuda gatita!

¡Vaya par!

Meredith y *Olivia* disfrutan asistiendo a eventos de celebridades, como las citas de Tay a los Billboard Music Awards 2019. ¡Realmente están viviendo un sueño!

La pandilla

La pandilla de la que todas las swifties sueñan con formar parte. Taylor y su famoso grupo de amigas son la cuadrilla ideal.

Blake Lively

Se conocen desde hace muchos años y son muy amigas. Taylor incluso dio las gracias a Blake y a su familia en su discurso cuando ganó el Álbum del Año por *Folklore*.

Emma Stone

Su amistad comenzó cuando ambas asistieron a los Young Hollywood Awards en 2008, donde congeniaron. Desde entonces, Tay ha acompañado a Emma a uno de sus estrenos cinematográficos, y Emma ha acudido a muchas de las giras de Taylor.

Lorde

Taylor envió flores a Lorde cuando lanzó su primer single, «Royals». Este detallazo propició que se conocieran y se hicieran amigas.

Gigi Hadid

Son inseparables desde que se conocieron en un evento en 2014. Gigi fue una de las amigas que aparecieron en el famoso vídeo musical de Taylor «Bad Blood». Gigi intenta ir a todos los conciertos de Taylor que puede y, a veces, incluso se ha atrevido a acompañar a Tay en el escenario.

Selena Gomez

Su amistad comenzó cuando Taylor y Selena salían con los hermanos Jonas (Joe y Nick) en 2008. Aunque ambas rompieron su relación sentimental, las chicas han seguido siendo amigas. Taylor ha asistido a estrenos de películas de Selena, acuden juntas a entregas de premios e incluso han cantado juntas.

Todo y más sobre The Eras Tour

Si tienes la fortuna de lograr una entrada para la última gira de Taylor, podrás disfrutar de un espectáculo en el que la artista repasa todas sus épocas musicales y todos sus álbumes de estudio hasta la fecha.

UN REPERTORIO DE **44 CANCIONES** DE SUS **10 ÁLBUMES**

★★★★★★★★★★★★★★★★★★

LOS TEMAS ENGLOBAN LAS **10 «ERAS» DE TAYLOR.**

8 HORAS TARDARON LOS FANS ESTADOUNIDENSES EN LOGRAR UNA ENTRADA POR INTERNET.

THE ERAS TOUR EMPEZÓ EN EE.UU. EN **MARZO DE 2023**.

PRIMERA GIRA DE TAYLOR DESDE EL **REPUTATION** STADIUM TOUR EN **2018**

Taylor canta **DOS TEMAS** ACÚSTICOS SORPRESA EN CADA CONCIERTO.

SUELE SORPRENDER A LOS FANS CON UN **INVITADO ESPECIAL** QUE LE ACOMPAÑA INTERPRETANDO ESTOS TEMAS.

«No sé cómo procesar los sentimientos que me estáis haciendo vivir».

Declaró Taylor Swift en su concierto inaugural.

TOP 5 Momentos estelares del The Eras Tour

Como imaginarás, hay MUCHÍSIMOS, pero aquí tienes algunos inolvidables.

Glamur a todo ritmo

Los bailarines que acompañan a Taylor aportan un plus de brillantez al espectáculo y esta gira no iba a ser diferente. Cuando Tay interpreta «Look What You Made Me Do», sus bailarinas lucen algunos de los estilismos más icónicos de la carrera de la intérprete.

Momentazo «Marjorie»

Sentimientos a flor de piel. La interpretación de su canción «Marjorie», que trata sobre su difunta abuela, supone uno de los momentos más emotivos del espectáculo mientras el público mueve sus móviles con la linterna activada al ritmo de la música.

Intercambio de pulseras

Intercambiar pulseras de la amistad es una bonita idea que los fans de Tay comparten con gran entusiasmo. En The Eras Tour, los asistentes intercambian sus pulseras de la amistad con otras personas que han disfrutado de la misma experiencia increíble.

Momentazo sirena

Taylor sorprende a sus fans zambulléndose en un mar de agua cristalina que aparece de repente en la parte delantera del escenario. Realmente es un momento impresionante que hay que ver para creer, en el que Tay parece bucear bajo el agua como una auténtica sirena.

Invitados especiales

Todos sabemos que a Tay le encanta sorprender a su público con invitados sorpresa, y la gira The Eras Tour no es una excepción. Hasta ahora ha contado con Marcus Mumford, Phoebe Bridgers y Aaron Dessner.

«Es algo realmente milagroso ver cómo una canción pasa de ser una pequeña idea en mitad de la noche a una interpretación cantada a coro por 55.000 personas».

TAYLOR SWIFT

Fans ♥ Taylor

Taylor no subestima las muestras de agradecimiento a sus fans, desde apariciones sorpresa en bodas a cartas manuscritas y ¡hasta consejos de amor!

NO DUDA EN DEFENDERLOS

Cuando, en una ocasión, TayTay vio que un fan era reprendido por uno de los miembros de seguridad en uno de sus conciertos, no dudó en dejar de cantar para defenderlo. Los swifties solo estaban bailando y, por alguna razón, a ese miembro del equipo de seguridad no le hizo gracia. Sin dudarlo, Tay le pidió al guardia de seguridad que se marchara, y tanto el fan como sus amigos fueron agasajados con entradas gratuitas para otro concierto.

RESPONDE A SUS FANS CON CARTAS ESCRITAS DE SU PUÑO Y LETRA

Tay se toma la molestia de responder a algunos de sus fans por carta. Además, no son cartas mecanografiadas, sino personalizadas y escritas a mano. Y, lo que todavía es más especial, suelen estar decoradas con sus preciosas acuarelas.

Les da consejo en las redes sociales

Muchos fans envían mensajes a sus ídolos en Instagram sin esperar que estos los lean y mucho menos que les responda. Pero Taylor no es como la mayoría de las estrellas del pop. A lo largo de los años, ha emocionado a sus fans con respuestas brillantes y consejos útiles. Seamos sinceros, ¡es como la hermana mayor que a todos nos gustaría tener!

Aparece por sorpresa en sus bodas

¿Cómo podría ser tu gran día todavía más increíble? Invitando a Taylor Swift... Puede parecer una locura, pero en una ocasión apareció por sorpresa en la boda de una de sus superfans. Además de cantar su temazo «Blank Space» al piano, agasajó a la pareja con una tarjeta pintada a acuarela que contenía uno de los versos de esta canción: *So it's gonna be forever* (Así que será para siempre).

Colaboraciones de primera

Al igual que todas las decisiones musicales de Tay, la elección de los artistas con los que trabaja es siempre de primera categoría. A continuación, recogemos algunos de los artistas que han colaborado con Taylor.

Haim

Su amistad viene de lejos. En 2015, las hermanas Haim colaboraron con Tay en la gira mundial de su disco *1989*. También colaboraron en el álbum *Evermore* de Taylor de 2020, concretamente en el tema «No Body, No Crime». En 2022, Taylor se unió a las Haim en el O2 Arena de Londres. Juntas, interpretaron un *mashup* de «Love Song» del álbum *Fearless* de Taylor, además de una versión de «Gasoline».

Lana Del Rey

¿Has escuchado ya «Snow on the Beach»? Si no es así, tienes que hacerlo cuanto antes. Este precioso tema del álbum *Midnights* de Taylor cuenta con la colaboración de Lana Del Rey. Taylor no para de repetir lo mucho que admira la música de Lana y su increíble talento.

Miley Cyrus

Taylor y Miley actuaron juntas en la 51.ª edición de los Grammy en 2009. Las talentosas artistas interpretaron una versión de la canción de Taylor «Fifteen», que echa un vistazo al paso por el instituto de Taylor (¡y de Miley también!). La actuación deleitó a sus fans con un montón de armonías y con la Taylor más roquera guitarra en mano.

Kendrick Lamar

En su famoso tema «Bad Blood», Taylor colaboró con el rey del hip-hop, Kendrick Lomar. Previamente, ambos artistas habían declarado públicamente su mutua admiración e incluso habían compartido vídeos cantando o haciendo *playback* de sus canciones. ¡Genial!

Sir Paul McCartney

Taylor se reunió con Sir Paul McCartney (de Los Beatles) para hablar de su música a petición de la revista *Rolling Stone* en 2020. Resulta que la relación de Taylor con sus fans más jóvenes inspiró la canción de Paul McCartney «Who Cares».

Ed Sheeran

Además de ser buenos amigos desde hace mucho tiempo, Ed y Taylor disfrutan haciendo música juntos. Ed colaboró con Taylor en tres de sus canciones: «Everything Has Changed» (del álbum *Red*), «End Game» (del álbum *Reputation*) y «Run» (del álbum *Red: Taylor's version*). Taylor participó en una remezcla del tema «The Joker and the Queen» de Ed.

Una intérprete con mucho estilo

¡Siempre a la última! Echa un vistazo a los estilismos de TayTay, desde sus preciosos rizos hasta botas vaqueras y atrevidas chaquetas y monos.

BOINA CHIC Un estilo moderno y clásico a la vez con una atrevida boina roja que resalta su melena ondulada.

2006

ESTILO VAQUERO
Una mirada atrás a una joven Taylor luciendo un vestido sin mangas y botas vaqueras.

LA REINA DEL BAILE
En los Grammy optó por un *look* muy de princesa con este corpiño lila.

2008

2016

MINI MONOCROMO
Una declaración de intenciones: labios negros, pelo decolorado y un minivestido en el mismo tono.

TARTÁN DE DOS PIEZAS
Los conjuntos son una de sus señas de identidad.

2014

2021

FLOWER POWER
La primavera en su máxima expresión con este vestido.

TOQUE BOHEMIO
Mangas enormes, tonos pastel y delicados detalles florales.

2019

2021

COMO ANILLO AL DEDO
Taylor lució como nadie con este elegante traje de terciopelo.

GLAMUR HOLLYWOODENSE
Ondas superlativas más un mono lleno de tachuelas doradas. Sin palabras.

2022

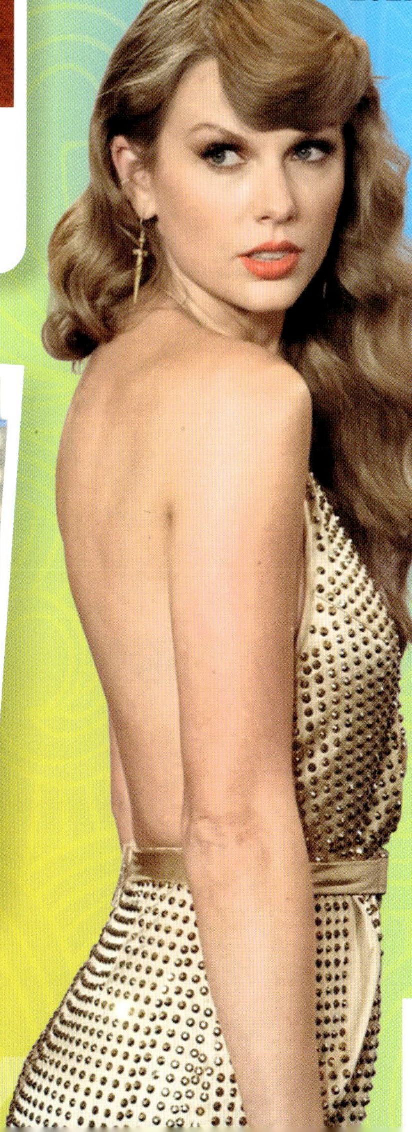

2019

POPERA Una apuesta arriesgada: americana estampada y con hombreras. ¡Icónico!

TEST

¿Con qué estilo te identificas más?

Taylor ha lucido con maestría un montón de estilismos increíbles a lo largo de los años, pero ¿con cuál te identificas más? Responde este test y anota tus respuestas para averiguarlo.

1

Elige un peinado:

A. Trenzas francesas
B. Grandes rizos
C. Tirabuzones

2

Elige un complemento:

A. Corona de flores
B. Pulsera y anillos de oro
C. Pendientes de aro

3

En una obra de teatro del instituto, preferirías...

A. Encargarte del vestuario.
B. Interpretar el papel principal.
C. Tocar un instrumento musical.

4

Tienes que asistir a un gran acontecimiento. ¿Cómo irías vestida?

A. Con un vestido femenino y floral
B. Con un traje con lentejuelas
C. Con un bonito top

5

¿Cuál es tu forma favorita de pasar un sábado?

A. Ir a la playa.
B. Ir al cine.
C. Dar un paseo por el campo.

Las vacaciones de tus sueños serían...

6

A. Un fabuloso festival
B. Una escapada urbana
C. Una escapada rural

Elige una actividad para el fin de semana:

7

A. Leer un buen libro.
B. Salir con mis mejores amigos.
C. Componer una canción.

¿Cuál es tu asignatura favorita en el instituto?

8

A. Arte
B. Teatro
C. Música

En tu grupo de amigos, tú eres la...

9

A. Que sabe escuchar
B. Líder
C. Tranquila

¿Qué preferirías ser de mayor?

10

A. Artista
B. Estrella de cine
C. Música

MAYORÍA DE A

Tu estilo Taylor es el BOHEMIO.

Combinar bonitos vestidos vaporosos con ondas sueltas es tu seña de identidad, ¡y lo mejor es que lo haces sin esfuerzo! Te encantan las cadenas de margaritas, las coronas de flores y los detalles.

MAYORÍA DE B

Tu estilo Taylor es el GLAMUR HOLLYWOODENSE.

Tu *look* no tiene nada de discreto, y por eso le encanta a todo el mundo. Tanto si vas a tomar un batido o a vestirte de gala para una fiesta, sabes cómo aportar glamur a cualquier atuendo. ¡Que brillen las lentejuelas!

MAYORÍA DE C

Tu estilo Taylor es el VAQUERO.

Como mejor te sientes es con vaqueros, cuadros escoceses y vestidos informales de tirantes. Así lucía Taylor cuando empezó a ser conocida. Al igual que TayTay, te pongas lo que te pongas, siempre le aportas tu sello personal. ¡Las botas vaqueras siempre triunfan!

«No hay nada mejor que ser tú misma».

TAYLOR SWIFT

La vitrina de trofeos de TayTay

Nadie puede negar que esta cantante de country reconvertida en estrella del pop arrasa cada año en las entregas de premios. Estos son algunos de sus mayores triunfos hasta la fecha...

15 PREMIOS MTV EUROPA

SOLO EN 2022, TAY GANÓ LOS PREMIOS AL...

- Mejor Vídeo Musical y Mejor Vídeo Musical de Formato Largo por «All Too Well» (versión de 10 minutos)
- Mejor Artista
- Mejor Artista Pop

Taylor está empatada con Lady Gaga como la cantante con más PREMIOS MTV EUROPA.

39 BILLBOARD MUSIC AWARDS

- Mejor Artista **2015**
- Álbum Más Vendido **2018**
- Mejor Álbum Country por su versión de *Red* **2022**

23

MTV VIDEO MUSIC AWARDS

Es la única artista que ha ganado el premio MTV AL VÍDEO DEL AÑO cuatro veces...

- ★ «Bad Blood» **2015**
- ★ «You Need to Calm Down» **2019**
- ★ «All Too Well» (versión de 10 minutos) **2022**

NICKELODEON KIDS' CHOICE AWARDS

SOLO EN 2023, TAY GANÓ LOS PREMIOS A LA...

- ★ Artista Solista Femenina Favorita
- ★ Álbum Musical Favorito por *Midnights (3am Edition)*

La gata de Taylor *OLIVIA BENSON* fue nombrada mascota favorita de los famosos en 2023.
NICKELODEON KIDS' CHOICE AWARDS

12

PREMIOS GRAMMY

ENTRE LOS QUE DESTACAN:

- ★ Álbum del Año (por *Fearless*, *1989* y *Folklore*)
- ★ Mejor Vídeo Musical (por «Bad Blood»)
- ★ Mejor Interpretación Country Femenina (por «White Horse»)

40

AMERICAN MUSIC AWARDS

ENTRE LOS QUE DESTACAN:

- ★ Artista Femenina de Country Favorita
- ★ Artista de la Década **2019**
- ★ Artista del Año **2020**

¡6 AÑOS CONSECUTIVOS!
Artista Femenina de Country Favorita
AMERICAN MUSIC AWARDS

8 canciones que no sabías que eran de Taylor

Por si la lista de sus éxitos no fuera suficiente, Taylor también es la autora de temas para películas y para otros grandes artistas.

Hannah Montana (película)

Miley interpreta «You'll Always Find Your Way Back Home» en el filme de 2009 *Hannah Montana: La Película.* Lo que quizá no sabías es que Taylor Swift y el cantante Martin Johnson son los autores del tema. Además, Taylor tuvo una actuación estelar en la película interpretando «Crazier».

Sugarland

Taylor y Patrick Monahan son los autores del tema «Babe» del dúo estadounidense de música country Sugarland.

Little Big Town

«Better Man» fue lanzada por Little Big Town en 2016 y fue un gran éxito, tanto que incluso ganó el premio a la Canción del Año en los Country Music Awards de 2017. La banda country tenía mucho que agradecer a Taylor, ya que ella es la autora de la canción. Taylor también incluye este tema en su álbum *Red (Taylor´s Version).*

Calvin Harris

¿Recuerdas el temazo de Calvin Harris «This Is What You Came For»? La canción contaba con la participación de Rihanna y fue escrita por Taylor cuando ella y Calvin estaban saliendo. La pareja optó por mantenerlo en secreto, ya que pensaban que podría ser una distracción para los fans.

Los Juegos del Hambre (película)

Tay coescribió «Safe and Sound» junto con la banda The Civil Wars. El tema forma parte de la banda sonora de la película *Los Juegos del Hambre*. Además de esta canción, la banda sonora también cuenta con el tema de Taylor «Eyes Open».

Boys Like Girls

Taylor escribió «Two Is Better Than One» con el cantautor Martin Johnson para su banda Boys Like Girls.

Big Red Machine

Taylor se asoció con Aaron Dessner de The National / Big Red Machine para escribir la canción «Renegade». Además, la propia Tay canta el tema.

Cats (la película)

No es de extrañar que una gran amante de los gatos como TayTay quisiera participar en la película *Cats*. Además de protagonizarla interpretando el papel de una felina llamada Bombalurina, coescribió el tema «Beautiful Ghosts» de la película con Andrew Lloyd Webber.

Nuestros 5 vídeos favoritos

Resulta complicado elegir solo cinco vídeos entre la extensa oferta de Tay. ¡Aquí va nuestra propuesta!

LAS MEJORES COREOGRAFÍAS

You Belong With Me

(del álbum *Fearless*)

La primera elección nos encanta por muchos motivos. Este vídeo es divertido, entrañable y se centra en la defensa de los más débiles. Es la clásica comedia romántica de adolescentes con animadoras contra frikis, cartas de amor e incluso un baile de graduación. Taylor interpreta dos papeles: el de la friki que baila totalmente desapercibida y el de la chica popular que presume de cochazo y de novio. El mensaje principal radica en abrazar al friki que llevas en tu interior y no cambiar para caer bien.

¡LOS MEJORES CAMEOS!

Bad Blood (del álbum *1989*)

Este famoso vídeo musical cuenta con la participación de un gran número de celebridades. Estamos hablando de Zendaya, Hailee Steinfeld, Cara Delevingne, Kendrick Lomar, Cindy Crawford, Karlie Kloss y Selena Gomez, por nombrar solo a algunas. Cuando suena esta canción, ¡capta tu atención de inmediato! En el vídeo abundan las acrobacias, realizadas por la polifacética Taylor.

EL MEJOR GUION

Blank Space (del álbum *1989*)

Lanzado en 2014, Taylor participó personalmente en el guion de este estupendo vídeo, ambientado en una mansión de ensueño. Nos encanta el estilismo que luce Tay, su increíble interpretación y, como no, esos hermosos caballos blancos. Por supuesto, hace acto de presencia su gata *Olivia*. Las habilidades narrativas de Taylor brillan en este vídeo, que rebosa drama y suma más de tres mil millones de visitas en YouTube. La obra fue galardonada con los MTV Video Music Awards al Mejor Vídeo Femenino y al Mejor Vídeo Pop.

EL MÁS BONITO

Wildest Dreams

(del álbum *1989*)

No podemos hablar de este vídeo sin mencionar su increíble ambientación. Se rodó en África, con impresionantes leones, jirafas y preciosas cascadas. La canción trata de recordar las cosas buenas de una relación después de que termine. En el vídeo, Taylor interpreta a una glamurosa actriz de la década de 1950 en un plató de cine. ¿Y qué se puede decir de ese vestido amarillo? ¡Es lo más!

MÁS EMPODERADA

The Man

(del álbum Lover)

Con este tema, Taylor se pregunta cómo sería su carrera en la industria de la música si fuera un hombre, y cómo de diferente sería el trato recibido. Este himno feminista cuenta con un vídeo impresionante, el primero que dirigió Taylor (¡después le siguieron muchos más!). Fue nominado a tres MTV Music Awards, entre ellos el de Vídeo del Año y Mejor Dirección, ¡y ganó el de Mejor Dirección!

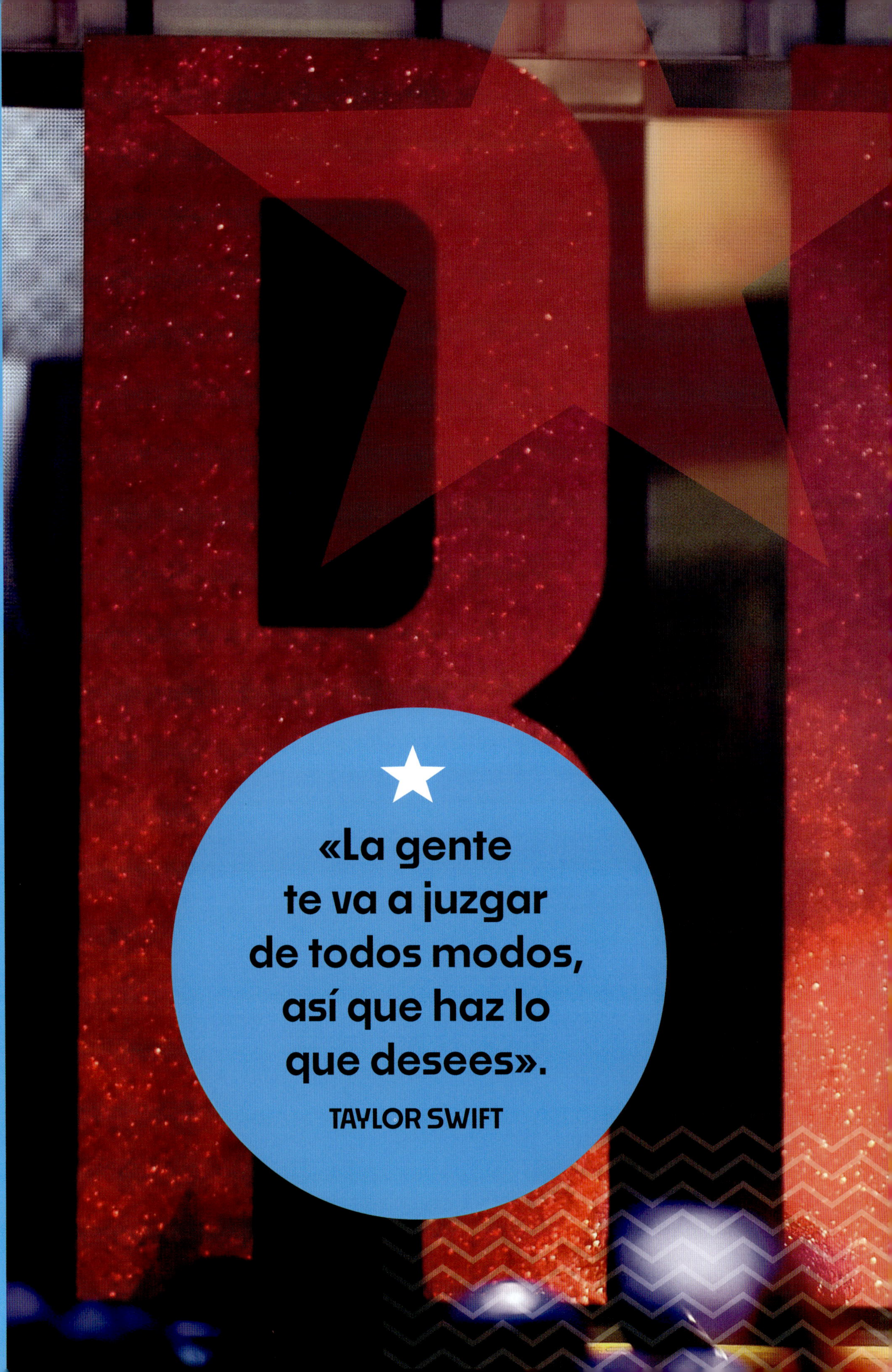

«La gente te va a juzgar de todos modos, así que haz lo que desees».

TAYLOR SWIFT

10 cosas que no sabías sobre Taylor

Sigue leyendo e impresiona a tus amigos con tus conocimientos sobre Tay.

1 Sigue siendo la mejor amiga de Abigail, a quien menciona en «Fifteen», ¿recuerdas?

2 Con diez años, escribió un poema titulado «Un monstruo en mi armario» y ganó un concurso nacional de poesía.

3 Tay fue modelo de Abercrombie & Fitch en 2003, al igual que Jennifer Lawrence, Emma Roberts y Channing Tatum.

4 Taylor aprendió a tocar la guitarra con un técnico informático.

5 La serie de televisión preferida de TayTay es *Friends*.

6 La equitación fue una parte importante de la infancia de Taylor. Compitió hasta los 12 años.

7 Sabemos que Tay escribe sus canciones, pero lo impresionante es que escribió todos los temas del álbum *Speak Now* ella sola, ¡sin colaboración!

8 Debe su nombre al cantautor estadounidense James Taylor, quien ha ganado seis premios Grammy y es uno de los artistas que ha vendido más discos de la historia.

9 La abuela de Taylor, Marjorie, era cantante de ópera. Tay escribió una canción llamada «Marjorie» en su honor.

10 Tay se pinta un 13 en la mano antes de cada concierto. Es su número de la suerte y no le faltan razones: nació un 13 de diciembre, su primer álbum fue disco de oro a las 13 semanas, y en una ocasión estuvo sentada en la fila 13 cuando ganó un premio.

Va de peinados

Tomémonos un tiempo para reflexionar sobre los mechones dorados de Taylor.

Lejos queda este *look* tan dulce e inocente. En 2006, la joven Taylor lucía una melena rubia llena de tirabuzones.

Nos encanta este estilo sofisticado y glamuroso. ¡Tay luce muy elegante con este recogido!

Taylor lució todo el glamur de Hollywood con un peinado rizado al estilo de los años cincuenta para su actuación de los MTV Music Awards de 2010.

El flequillo despuntado es uno de los peinados más característicos de Taylor. Nos encanta su flequillo con mechones largos de 2013.

Estilo bob + flequillo lateral = ¡volumen! ¿Qué más se puede pedir?

Elegante a más no poder en los Grammy combinando un corte recto y un flequillo sutil.

¡Que levante la mano quien adore su melena despuntada rubio platino!

Este estilo sencillo y sofisticado a la vez grita a los cuatro vientos: «Taylor va muy en serio»... Aunque ¿y cuándo no?

Echa un vistazo a este flequillo estilo Abba. Hipnótico.

¿Podría ser más atrevida? TayTay brilla con un peinado con preciosas mechas y suaves ondas.

11 indicios de que eres superfan de Taylor

Llamando a todos los swifties. ¿Con cuántos te identificas?

1 Te sabes todas las letras de cada una de sus canciones.

2 Seguro que le has enviado un correo. ¡A Taylor le encanta que sus seguidores le escriban!

3 Te ha inspirado a escribir. Llevas un diario y anotas poemas o canciones sobre tu vida, lo que haces y cómo te sientes.

4 Puedes nombrar a todos los miembros de su pandilla. Un amigo de Taylor también es amigo tuyo.

5 Si oyes a alguien cantando y se equivoca con la letra, ¡tienes que corregirle!

6 Siempre que tarareas una melodía, es de TayTay. ¡No falla!

7 No te pierdes ninguna noticia sobre sus mascotas.

8 Vas a clases de guitarra para para parecerte más a tu heroína.

9 La citas sin darte cuenta de que lo estás haciendo.

10 Tienes una de sus letras para cada ocasión.

11 Si Tay dice que le gusta un artista o un grupo, no dudas en escucharlo.

Cómo escribir canciones al estilo de Swift

La cantante ha compartido muchos consejos sobre su proceso de composición a lo largo de los años. Esto es lo que hemos aprendido...

- ✔ **TODO RADICA EN LOS DETALLES.**
  Taylor escribe sobre el lugar, el tiempo, lo que pasó...
- ✔ **SER AUTÉNTICO.**
  Cuanto más sincero y honesto, mejor. TayTay siempre abre su corazón de par en par.
- ✔ **LEER MUCHO.**
  Cuando Taylor lee, guarda listas de palabras o frases que le gustan y las usa como inspiración para su próximo gran éxito.
- ✔ **ESCRIBIR UN DIARIO.**
  TayTay se basa en sus propias experiencias vitales para escribir sus letras.
- ✔ **PENSAR EN TEMAS Y GÉNEROS.**
  Taylor tiene sus propios géneros para las canciones que escribe. Son:
  - ★ Canciones de pluma. Piensa en *Romeo y Julieta* y en otras historias de amor tradicionales.
  - ★ Canciones de bolígrafo de purpurina: pop ligero y divertido.
  - ★ Canciones de estilográfica. Esta categoría engloba letras más modernas con un toque poético.
- ✔ **ESCRIBIR EN COLABORACIÓN.**
  A Taylor le encanta colaborar con otros artistas, ya que asegura que le supone un desafío y la empuja a salir de su zona de confort.
- ✔ **MANTENER LA SENCILLEZ Y NO ESCRIBIR LETRAS MUY REBUSCADAS.**
  A Taylor se le ocurren muchas ideas y, cuando esto sucede, se tiene que estar preparado para apuntarlas antes de que se olviden.

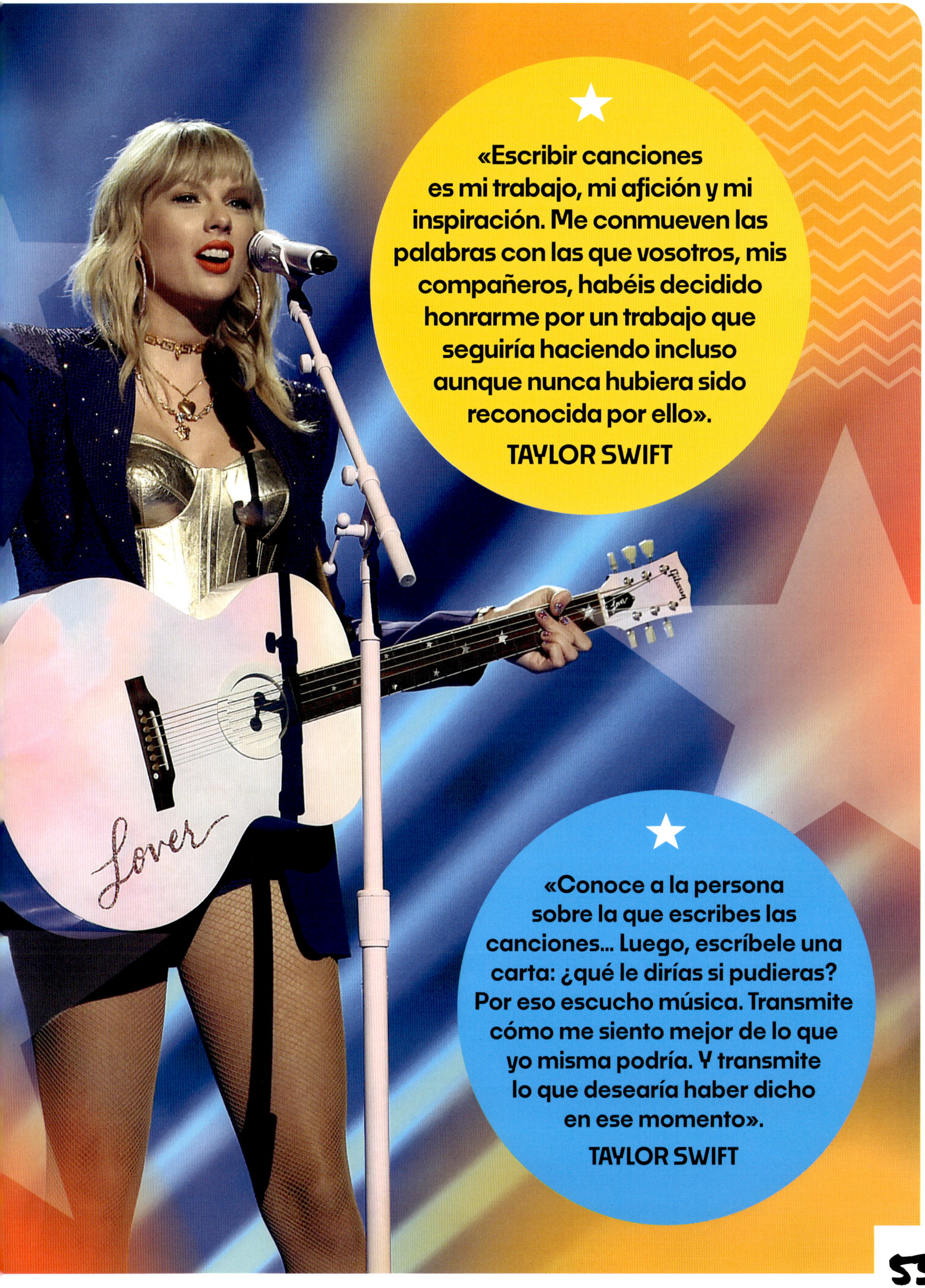

«Escribir canciones es mi trabajo, mi afición y mi inspiración. Me conmueven las palabras con las que vosotros, mis compañeros, habéis decidido honrarme por un trabajo que seguiría haciendo incluso aunque nunca hubiera sido reconocida por ello».

TAYLOR SWIFT

«Conoce a la persona sobre la que escribes las canciones… Luego, escríbele una carta: ¿qué le dirías si pudieras? Por eso escucho música. Transmite cómo me siento mejor de lo que yo misma podría. Y transmite lo que desearía haber dicho en ese momento».

TAYLOR SWIFT

TEST

¿Conoces bien a Tay?

¿Te consideras un swiftie? Coge papel y boli y prepárate para poner a prueba tus conocimientos sobre Taylor.

1 ¿Cuál es el número de la suerte de Taylor?

2 ¿Qué miembro de la familia de Taylor era cantante de ópera?

3 Nombra el primer álbum de Taylor.

4 ¿Cuál es el programa de televisión favorito de Taylor?

5 ¿Qué instrumento empezó a tocar cuando tenía 12 años?

6 ¿Qué álbum compuso Taylor entero ella sola?

7 ¿Cómo era la granja en la que creció Taylor?

8 ¿Qué sencillo fue el primer éxito de Taylor en el top 40?

9 Nombra a sus tres gatos.

10 ¿Para qué película compuso Taylor «You'll Always Find Your Way Back Home»?

11 ¿Qué edad tenía Taylor cuando escribió el poema «Un monstruo en mi armario»?

12 ¿En qué película interpretó Taylor a una gata llamada Bombalurina?

13 ¿Dónde se mudaron Taylor y su familia cuando tenía 13 años?

RESPUESTAS:
1. 13; 2. SU ABUELA MARJORIE; 3. *TAYLOR SWIFT*; 4. *FRIENDS*; 5. LA GUITARRA; 6. *SPEAK NOW*; 7. UNA GRANJA VIVERO DE ÁRBOLES DE NAVIDAD; 8. «TIM MCGRAW»; 9. *MEREDITH GREY*, *OLIVIA BENSON* Y *BENJAMIN BUTTON*; 10. *HANNAH MONTANA: LA PELÍCULA*; 11. 10 AÑOS; 12. *CATS*; 13. A NASHVILLE.

Estrella del celuloide

Por si triunfar en el mundo de la música no fuera suficiente, TayTay también ha brillado en la industria del cine. Estos son algunos de sus papeles protagonistas... ¡hasta ahora!

Hannah Montana: La Película 2009

Taylor interpreta una canción original llamada «Crazier» en esta película protagonizada por la única e inimitable Miley Cyrus. Otro tema de Tay también forma parte de la banda sonora de la película, en concreto: «You'll Always Find Your Way Back Home».

Lorax: en busca de la trúfula perdida 2012

En este filme de animación, Taylor presta su voz a una adolescente llamada Audrey. El popular Zac Efron también participó en el proyecto, poniendo voz al adolescente Ted.

Historias de San Valentín 2010

Esta película coral, en la que Taylor interpreta el papel de Felicia, fue su primera actuación en un largometraje. También participaron Taylor Lautner, de *Crepúsculo*, en el papel de la pareja de Tay en la película. Curiosamente, más tarde las estrellas comenzaron a salir en la vida real, ganándose el apodo de «Taylor al cuadrado». La banda sonora cuenta con el tema de Taylor «Today Was a Fairytale».

The Giver 2014

Puede que el papel de Taylor sea pequeño en esta adaptación del libro homónimo de Lois Lowry, pero su talento musical se pone de manifiesto en los *flashbacks*, donde toca el piano.

Cats 2019

Taylor interpreta a una felina peluda en esta adaptación cinematográfica del musical *Cats*, de Sir Andrew Lloyd Webber. Tuvo que perfeccionar el acento británico para interpretar a su personaje, Bombalurina, y canta un tema sobre el malvado gato Macavity tumbada en una brillante luna flotante. La canción de Taylor que forma parte de la banda sonora es «Beautiful Ghost».

All Too Well 2021

Taylor escribió y dirigió este cortometraje, que va acompañado de su canción homónima. La polifacética TayTay también interpreta un papel secundario en la película: una versión mayor del personaje interpretado por la estrella de *Stranger Things* Sadie Sink.

Amsterdam 2022

Swift forma parte del elenco repleto de estrellas de *Amsterdam*, junto a Christian Bale, John David Washington y Margot Robbie.

Taylor también ha participado en las bandas sonoras de estas películas: ***La chica salvaje***, con el tema ***«Carolina»***, ***Los juegos del hambre***, con ***«Safe and Sound»***, ***DC Liga de Supermascotas***, con ***«Message in a Bottle»*** y ***«Bad Blood»***.

«Pase lo que pase en tu vida, sé bueno con la gente. Ser bueno con la gente es un legado maravilloso que dejar».

TAYLOR SWIFT

Guía para los fans

¿Quieres ser el fan número uno de Taylor?
A continuación, te explicamos cómo lograrlo.

1. Ponte el reto de aprenderte todas las letras de tus canciones favoritas de Taylor.
2. Comparte tu amor por Taylor con tus amigos. Seguro que pronto se unirán a la causa. Incluso puedes crear tu propio club de fans.
3. Cuelga algunas fotos suyas en la pared de tu habitación. ¿No tienes ninguna? Coge papel y boli y crea la tuya propia.
4. Escucha la música de Tay en orden, empezando por su primer álbum, *Taylor Swift*. Puede que te lleve algún tiempo, ¡ya que son nada menos que 10!
5. Intenta escribir tus propias canciones. Taylor ya lo hacía desde mucho antes de que el mundo supiera quién era.
6. Alaba siempre a tus amigos cuando les vaya bien, en lugar de ponerte celoso por su éxito.
7. Inventa una coreografía con tu canción favorita. Invita a tus amigos a que participen.
8. Envíale a Taylor algún correo electrónico (si es que aún no lo has hecho). Nunca se sabe, puede que te responda.
9. Busca toda la información que puedas sobre Taylor. Este libro es un excelente punto de partida.
10. En tu próxima fiesta de pijamas, disfruta con tus amigos de una de sus películas acompañada de un montón de palomitas.
11. Sigue el ejemplo de Taylor y sorprende a tu familia, amigos y vecinos con actos de generosidad inesperados. Puedes escribirles una carta a mano o hacerles galletas.
12. Y, por último, pero no por ello menos importante, presta este libro a un compañero swiftie. Además de todo un detalle, también te asegurarás de contar con alguien con quien poder hablar de Taylor. Eso sí, ¡asegúrate de que te lo devuelva!

Todo un ejemplo

Tay nos recuerda la importancia de apoyar aquello en lo que creemos, como demuestran desde sus donaciones a bancos de alimentos hasta su respaldo a organizaciones benéficas en favor de los animales.

La generosidad y dedicación de Taylor a obras benéficas no ha pasado desapercibida. En 2012 recibió el premio The Big Help de manos de Michelle Obama.

ALTRUISMO

UNICEF

Junto con muchos otros rostros famosas, Taylor donó agua de su propia casa al Proyecto Tap de UNICEF. La gente tuvo la oportunidad de conseguir agua de sus celebridades favoritas, lo que ayudó a recaudar dinero para las personas que no disponen de agua potable.

Bancos de alimentos

Durante The Eras Tour, Swift hizo donaciones a los bancos de alimentos de cada ciudad que visitaba.

Fundaciones animalistas

Taylor se aseguró de que el dinero recaudado con su vídeo musical «Wildest Dreams» fuera para la African Parks Foundation of America. La organización sin ánimo de lucro trabaja para conservar parques vitales, proteger la vida salvaje y acabar con la caza furtiva.

Taylor utiliza su plataforma para hablar de temas que son importantes para ella. Le apasionan especialmente los derechos de la mujer y la igualdad de las personas LGBTQ. Sus canciones son un fiel reflejo de ello, con letras orgullosamente feministas y que empoderan a las personas de la comunidad LGBTQ. Incluso impulsó una petición para que sus fans la respaldaran con el fin de conseguir que el Senado de Estados Unidos apoyara la Ley de Igualdad.

«Quiero seguir teniendo una pluma afilada, la sensibilidad a flor de piel y el corazón abierto».

TAYLOR SWIFT